Jürgen Hargens

Kinder, Kinder ...
oder:
wer erzieht wen ... und wie

Jürgen Hargens

Kinder, Kinder ...
oder:
wer erzieht wen ... und wie

Gedanken, Erfahrungen,
Ideen eines Vaters

borgmann

Unser Buchprogramm im Internet
www.verlag-modernes-lernen.de

Veröffentlicht in der Edition:
borgmann publishing · Schleefstraße 14 ·
D-44287 Dortmund

2. Aufl. 2007
Gesamtherstellung: Löer Druck GmbH, Dortmund
Titelfoto: Hans Jürgen Beins

Bestell-Nr. 8326 ISBN 978-3-86145-253-9

Inhalt

Zum Geleit oder: Warum denn das auch noch?

Ja, ich denke, es könnte von Nutzen sein, gleich zu Anfang zu sagen, warum und wofür ich dieses Büchlein geschrieben haben.

Nun, zuallererst natürlich *auch* aus dem Grund, weil ich stolz darauf bin, was meine Kinder[1] geleistet haben – sie sind groß geworden, erwachsen, haben sich für ihre Wege entschieden (mit denen ich durchaus nicht immer einverstanden war) und sie haben mich viel gelehrt. Vieles begreife ich erst allmählich, einiges habe ich wahrscheinlich schon wieder vergessen. Nein, nicht „richtig" vergessen, aber vergessen, dass ich es von ihnen gelernt habe.

---

1 Wenn ich von „meinen" Kindern schreibe, dann ist damit keinesfalls ein Besitzverhältnis gemeint, sondern ein *Sorge*verhältnis. Ich wüsste nur nicht, wie ich es anders formulieren kann, da ich nur *aus meiner Sicht* und daher von „meinen" bzw. „unseren" Kindern schreiben kann und nicht aus der Sicht „Kinder insgesamt".

Jetzt, wo die eigenen Kinder also groß sind, habe ich Zeit gefunden, über die Zeit mit ihnen nachzudenken. Da ist mir viel in den Sinn gekommen, was ich gelernt habe, was ich früher hätte lernen können (wenn ich gewollt hätte! Das unterscheidet mich nicht von meinen Kindern ...) und mir ist deutlich geworden, wie viel ich ihnen zu (ver-)danken habe.

Nun, dies ist ein Buch, das sich mit Erziehung beschäftigt – mit Erziehen, einer Tätigkeit, die sich immer wieder im Miteinander vollzieht. Oder, wie es ein bekannter Kollege einmal formuliert hat, *Beziehung kommt vor allem*. Erziehung stellt für mich daher immer so etwas dar, wie eine von Liebe und Respekt getragene Begegnung.

Das fiel mir anfangs manchmal sehr, sehr schwer – besonders zu der Zeit, als unsere Kinder uns in dem Sinne „ausgeliefert" waren, als wir – die Eltern[2] – die alleinige Sorge dafür trugen, dass sie mit dem Lebensnotwendigen versorgt und gepflegt wurden.

2 Da ich dieses Buch, wie schon erwähnt, aus meiner Sicht schreibe, werde ich oft von „ich", „mir" oder „Vater" sprechen. Das bedeutet keinesfalls, dass ich die Mutter unterschlage, doch enthält dieses Buch eben „meine" Gedanken, so dass sich dies dann auch in meinen Formulierungen niederschlägt.

Da ich jetzt mehr Zeit habe, habe ich mir die Zeit genommen, einiges von dem aufzuschreiben, was aus meiner Sicht vielleicht, manchmal oder gelegentlich anregend und unterstützend sein könnte, wenn jemand anders, wie z.B. Sie, die Sie dieses Buch zur Hand genommen haben, vor ähnlichen Fragen oder Herausforderungen steht.

Sie haben also keinen Ratgeber für richtige Erziehung in der Hand, sondern Geschichten über Erziehen, wie sie ein Vater erlebt und was er dabei für Ideen gehabt hat und auf welche er jetzt gekommen ist. Vielleicht anregend, vielleicht erheiternd, vielleicht ...

In diesem Sinne wünsche ich Ihnen auch viel Spaß und Freude und viele eigene Ideen.

Kapitel 1
Erziehung oder: Wer für wen oder was ...

Auf einer der auf alt getrimmten Postkarten, die ich in einem Laden gesehen habe, findet sich der Satz *Erziehung ist die organisierte Abwehr der Erwachsenen gegen die Jugend.* Lächeln kann ich darüber, aber dann bleibt mir irgend etwas im Halse stecken – das Wörtchen *gegen* bereitet mir Unbehagen. Es verweist eher auf ein feindliches Gegeneinander als ein wohlwollendes Miteinander.

Ich erinnere mich noch (mehr oder weniger) gut an die Zeit nach der Geburt unseres ersten Kindes. Heute kann ich leicht und lokker darüber erzählen, damals war ich in einem ganz anderen Zustand: belastet und feststeckend. Wieso? Nun, die Tradition der Säuglingspflege – schlafen, aufwachen und schreien, wickeln, füttern, Bäuerchen machen, schlafen – war bei unserem Ältesten nichts anderes als reine Theorie. Er meldete sich ständig. Anders gesagt: er schrie, er wollte auf den Arm, beschäftigt werden. Den lieben langen Tag. Lediglich am Morgen zwischen neun und neun Uhr dreißig schlief er regelmäßig. Wie schön! Zeit für eine schnelle Tasse Kaffee und die Zeitung. Nach einer halben Stunde, wir konnten fast die Uhr danach stellen, ein Schreien – weiter ging's.

Gute Ratschläge gab es viele: „Nicht immer hochnehmen. Ruhig mal schreien lassen. Nicht so sehr verwöhnen." Alles gut gemeint, aber uns als unerfahrene Eltern mit pädagogischem Anspruch half das wenig. Den eigenen Sohn schreien lassen? Das würde uns doch das Herz brechen. Also haben wir ihn wieder hochgenommen und weniger darüber gesprochen. Das half zwar nicht im Umgang mit dem Baby, hielt uns aber Probleme mit Bekannten und Verwandten vom Halse.

Was half, war der Rat der Frau, die uns in die Geheimnisse der Säuglingspflege eingeführt hatte. Sie erklärte auf unsere Frage, was wir denn tun sollten, sinngemäß: „Nun ja. Kinder sind schon gestorben an Kälte, Hunger und Vernachlässigung. An Zuviel an Liebe und Zuwendung ist noch kein Kind gestorben. Nehmen Sie ihn ruhig weiter hoch."

Das war Musik in unseren Ohren. Der Alltag wurde dadurch nicht leichter, das schlechte

Gewissen und das Gefühl, vielleicht etwas „falsch" zu machen, wurden allerdings kleiner.

Heute, mehr als zwanzig Jahre später, kann ich sagen, es hat sich alles gelohnt, der Aufwand ist berechtigt, die Zeit ist viel zu schnell vergangen.

Und noch eine Erfahrung – wieder betrifft es den Ältesten[1]. Er wollte nicht einschlafen, und er wollte nicht durchschlafen. Wie viele durchwachte Nächte, verzweifelt, angerührt und hilflos – ich weiß es heute kaum noch. Als wir vorsichtig begannen, darüber mit anderen zu reden, stellten wir – erleichtert – fest, dass es vielen, wenn nicht den meisten, genau so ging.

Ich habe daraus mindestens zweierlei gelernt:

1. Es ist gut, über die eigenen Erfahrungen und Unzulänglichkeiten in der Erziehung mit anderen zu reden.
2. Es ist viel mehr „normal", als was in der Tradition als „normal" gilt.

[1] In einem Brief hat er sich selber als „unser Versuchskind" definiert – ein Hinweis, dass wir Eltern erziehen lernen, indem wir es tun, ohne Ausbildung, ohne Unterstützung, eben einfach so, weil es nicht anders geht. Wir haben nichts anderes als unsere eigenen Erfahrungen – und diesen Schatz, so denke ich, sollten wir durchaus öfters nutzen.

In meine therapeutische Praxis haben diese Erfahrungen Eingang gefunden, indem ich Eltern, die an der und über die Erziehung ihrer Kinder am Verzweifeln sind, frage: „Lieben Sie Ihr Kind?“ Wenn die Frage mit einem klaren „ja“ beantwortet wird, sage ich, „Das gibt Ihnen auch das Recht, ab und zu verzweifelt zu sein, weil Sie einfach das Beste für Ihr Kind wollen – aus Liebe zu Ihrem Kind.“[2] Um dann mit der Frage fortzufahren „Diese Liebe, wie zeigt sie sich dann, wenn Sie so am Zweifeln sind, wenn Sie verzweifelt sind?“

Erziehung, so mein Eindruck, könnte sonst manchmal leicht als eine Art Tauschgeschäft verstanden werden: ich gebe dir etwas, dafür gibst du mir auch etwas – nämlich du zeigst das Verhalten, von dem ich wünsche, dass du es zeigst. Nur – in Tauschgeschäften geht es um Gewinn und Verlust, Vor- und Nachteil, aber nicht um Liebe und Mitmenschlichkeit.

Deshalb bevorzuge ich ein etwas anderes Verständnis von Erziehung – ich ziehe es vor, Erziehung zu „ververben“, also aus einem Haupt-

2 Verzweiflung ließe sich daher als Ausdruck von Sorge und Aufmerksamkeit verstehen, wobei diese aber oft nicht erkennbar sind, sondern von der Verzweiflung überlagert werden.

oder Dingwort (Erziehung) ein Tu- oder Tätigkeitswort (erziehen) zu machen[3]. Das hat, denke ich, unter anderem den Vorteil, dass „Erziehen“ sich immer als ein Handeln zwischen Menschen an bestimmten Orten abspielt. Erziehen bleibt eine bodenständige Tätigkeit. Und eine notwendige dazu, denn irgendwie bleibt es eine Aufgabe, den Nachwuchs einzubeziehen, damit das Leben weitergehen kann.

Ich möchte diesen einen Aspekt noch einmal aufgreifen und besonders hervorheben: nach meinem Verständnis geht es beim Erziehen immer um ein Miteinander, um eine Beziehung oder – um beim gerade angesprochenen „Ververben“ zu bleiben – um „beziehen“. Also um ein praktisches Tun, das Eingebunden ist und bleibt von meinem Verständnis des Anderen, der Kinder, der Mitmenschen und der Ziele.

---

3 Wenn dadurch auch Verständigung erschwert wird, so könnte dies auch ein Hinweis im Sinne einer Erinnerung sein, dass alles das, was gesagt wird, sehr unterschiedlich verstanden werden kann – und nicht immer habe ich, der Erwachsene, Recht ...

Sie merken sicher schon, dass es mir bei „Erziehen" um mindestens zwei Sachen geht: zum einen um das, was „Erziehen" sein und erleichtern könnte, zum anderen darum, so darüber zu reden, dass die Worte, die ich verwende, zu dem, was ich tue, zum „Erziehen", passen. Deshalb ist für mich Erziehen auch nicht die organisierte Abwehr gegen die Jugend, sondern die wunderbare Möglichkeit, von der Jugend zu bekommen *und* ihr zu geben.

Und davon möchte ich Ihnen hier ein wenig erzählen – gleichsam über meine Erfahrungen, was ich gelernt habe, was ich gerne damals schon gewusst hätte und wie ich es von heute aus sehe. Es könnte nämlich leicht so sein, wie es auch im Erziehungsalltag oft zu sein scheint: man (wer immer das ist – meist der Erwachsene) „weiß" was gut und richtig ist, aber der „andere" (das Kind, der Jugendliche) „weiß es besser" und nun fällt es oft/manchmal schwer, dem eigenen Kind zu gestatten, den eigenen Weg zu gehen – er oder sie könnte es doch besser/leichter haben, wenn er/sie den Ratschlag des Erfahreneren angenommen hätte ...

Heute weiß ich – oder glaube zumindest zu wissen –, dass das, was hier helfen könnte, weniger der „richtige Rat*schlag*" wäre, sondern mehr das Erzählen der eigenen Erfahrung und ein Vermitteln der Gewissheit, dass das „eigene" Kind den „eigenen" Weg gehen wird – mit meiner Unterstützung und meiner Bereitschaft, ihn/sie auf dem Wege zu begleiten, zu unterstützen, meine Erfahrung zur Verfügung zu stellen. Nicht mehr, aber auch nicht weniger. Nur – damals habe ich das leider noch nicht gewusst – oder traute mich nicht. Aber hinterher, das ist bekannt, ist man immer schlauer. Und in diesem Sinne möchte ich hier auch keine guten Rat*schläge* austeilen – pardon: erteilen –, sondern Ihnen etwas von meinen Erfahrungen erzählen. Einfach so. Und durchaus nicht beliebig – doch dazu später mehr.

Kapitel 2
Unterschiede ... ?
Unterschiede ... ja, und?

Mit der Erziehung ist es oft so wie mit all den Dingen, die wir selber durchgemacht haben – wir wissen Bescheid. Zumindest dann, wenn es um die Fragen anderer Leute geht. Wenn ich selber mittendrin stecke, dann kann ich das meist verständlicherweise alles nicht so gut erkennen, einfach weil ich alles ausschließlich aus meiner – im besten Sinne begrenzten – Perspektive sehe. So hat es Jahre gedauert, bis ich für mich einige der Unterschiede zwischen Kindern und Erwachsenen beschreiben konnte, die mir, wie ich heute denke, sehr hilfreich hätten sein können – für die Erziehung meiner Kinder leider viel zu spät. Ich glaube, ich hätte viel Kraft und Energie sparen können, aber hinterher ist man bekanntlich immer schlauer.

Wenn ich heute mit Eltern spreche, insbesondere mit Eltern, die sich sehr um ihre Kinder und deren Wohlergehen sorgen, dann fallen mir vor allem und zuerst drei Dinge ins Auge.

Da wäre als erstes die *Zeitperspektive* oder, wie ich es nenne, die Länge des Blicks nach vorn, gemessen in *Ewigkeitseinheiten.* Während Kinder sich vor allem um das Jetzt, das Hier und Heute sorgen, schauen wir Eltern in bester Absicht in „weiser Voraussicht" nach vorne, nach dort, wo alles am Horizont zusammenläuft. Eine wunderbare Möglichkeit, aneinander vorbeizureden, denke ich inzwischen.

Wenn ich zu meinem Kind sage „Denk' an Deine Zukunft", dann meine ich – etwas überspitzt formuliert– meist die nächsten 40 bis 60 Jahre – die Jahre bis zum Erreichen der Altersgrenze. Mein Kind denkt dann sehr wohl auch an seine Zukunft – an die nächste halbe Stunde oder – vielleicht – an das nächste Schuljahr. Und das ist schon eine lange Zeit![1]

Das hat mich inzwischen gelehrt, dass Verweise auf das, was in der Zukunft kommen wird, meist wenig Eindruck bei meinen Kindern hinterlassen – ihr „Erwartungshorizont", wie es in der Psychologie heißt, reicht einfach nicht so weit. Und das ist auch gut so – denn wieso sollte ich heute etwas tun, vom dem ich an-

---

1 Es handelt sich hier einfach um einen *Unterschied* – also um etwas, das *anders* ist – und nicht um etwas, das richtig oder falsch ist!

nehmen könnte, dass es morgen oder nächstes Jahr vollkommen überflüssig wäre?

Das bedeutet nun nicht, überhaupt nicht mehr von der Zukunft zu sprechen. Schließlich ist die Zukunft die Zeit, von der wir uns die Erfüllung unserer *Träume* erhoffen, oder? Und über Träume zu reden, über Wünsche, Sehnsüchte, Möglichkeiten – darüber lässt sich gut reden[2]. Es wären dann eher Geschichten und weniger Belehrungen.

Da könnte es manchmal hilfreich sein, daran zu denken, wie ich selber war, was ich selber gedacht, gefühlt und getan habe, als ich so jung war wie mein Kind, dem ich jetzt gerade etwas über die Zukunft erzählen möchte. Da wäre es sicher manchmal angebracht, auch diese eigene Geschichte zu erzählen. Denn Kinder lieben fast immer Geschichten – besonders Geschichten der eigenen Eltern. Und Eltern haben – im Unterschied zu Kindern – viele Möglichkeiten, Geschichten zu erzählen, sie mit dem eigenen Leben zu verknüpfen. Leider, leider – auch ich habe dies erst später erkannt und begriffen. Es hat mir während meiner Erziehung niemand erzählt.

---

2 Ich denke, dass Träume und Sehnsüchte auch ein Stück Motor oder Kraftstoff sind, der uns – zumindest mich – antreibt. (M)Ein Energiereservoir gewissermaßen ...

Damit hängt eng ein zweiter Aspekt zusammen, der Erwachsene von Kindern unterscheidet. Wenn Kinder sich streiten, erbittert, erbost, bis in ihre Grundfesten von der Schlechtigkeit des Anderen überzeugt, ihn verwünschen, ihm alles mögliche wünschen – dann staunen Erwachsene meist sehr, wenn sich dieses Kind umdreht und im nächsten Moment, manchmal buchstäblich Sekunden später, den bösen Bruder oder die böse Schwester oder den bösen Freund bittet, mit ihm zusammen dies oder jenes zu tun. Das geht ruckzuck. Von einer Sekunde auf die andere. So, als wäre gar nichts passiert.

Ich sage scherzhaft, dass wir Erwachsenen da leider etwas erlernt haben, was nicht unbedingt nur förderlich ist – wir haben ein *zu gutes Gedächtnis,* wir behalten zu viel – und scheinen dann auch nachtragend(er) zu sein und können alte Geschichten – wenn es sein muss noch Jahre später – wieder aufwärmen. Wir haben, so denke ich, *verlernt zu vergessen* oder, etwas freundlicher geschrieben, *gelernt zu behalten.* So schleppe auch ich oft Dinge mit mir herum, die tatsächlich in des Wortes wahrer Bedeutung eine Last sind. Und das jahrelang, manchmal ein ganzes Leben. Da wäre mir eine Müllentsorgung schwerer Lasten schon angenehm. [3]

---

[3] Ein „gutes" Gedächtnis wäre demnach nicht unbedingt *nur* von Vorteil ...

Und ein Drittes, um das ich Kinder, besonders jüngere, auch heute noch beneide – sie haben die Fähigkeit, mit allem und jedem zu *spielen, aus allem und jedem ein Spiel zu machen.* Und Spielen ist in meinen Augen inzwischen die ernsthafteste Sache der Welt – und bleibt doch immer *auch* Spiel.

Ich denke, Spiel ist für Kinder beides – Spiel *und* Ernst, so dass sie, je nach Gelegenheit, Situation oder was auch immer, rasch umschalten können – vom Spiel zum Ernst und zurück in *Lichtgeschwindigkeit.* Diese *wunderbare Leichtigkeit des Seins* ist für mich etwas, um das ich Kinder beneide. Denn ich weiß von mir selber, dass ich allzu oft allzu vieles immer erst – und meist ausschließlich – ernst sehe und ernst nehme[4]. Womit ich mich meines spielerischen Elements beraube.

Ja, das sind so drei Dinge, die ich, wenn es um Erziehen geht, als hilfreich und nützlich ansehe, im Kopf zu behalten und um mich gelegentlich daran zu erinnern – und zu nutzen. Ja – wie, darüber möchte ich Ihnen ein bisschen erzählen. Geschichten eben.

---

[4] Hier bei uns gibt es, wenn es „ernst" wird, die Redewendung „Ernst auf'n Tisch. Tisch in'n Keller. Keller unter Wasser."

Kapitel 3
Elternschicksal – Kinderlos ...

Ich weiß nicht genau, aber ich denke Sie könnten die folgende oder eine ähnliche Erfahrung auch irgendwann einmal selber gemacht haben. Da bemühen Sie sich, Ihren Kindern „ordentliche Umgangsformen“ beizubringen, „bitte“ und „danke“ zu sagen, einfach auch einmal so mit anzufassen, wenn z.B. in der Küche nach dem Essen das Geschirr abzuräumen ist.

Doch was geschieht – nichts dergleichen passiert!

Ihr Kind bleibt einfach sitzen, schaut Ihnen zu, lässt Sie arbeiten und wenn Sie, anfangs freundlich und ruhig, um seine Mitarbeit und Hilfe bitten, dann kommt als Antwort vielleicht so etwas wie „Muss das sein!?“, „Immer ich!“ oder „Ich muss Schularbeiten machen, das ist viel wichtiger.“ Erst dann, wenn Sie nachdrücklicher werden, steht Ihr Kind auf, zeigt durch sein ganzes Verhalten wie unmöglich Sie sich in seinen Augen benehmen und packt an, langsam, lustlos und gelegentlich mit halblauten Kommentaren, die – so geht es mir jedenfalls –, wenn ich sie höre, mich durchaus auf die Palme bringen können.[1]

Anderer Tag, andere Situation.

Sie treffen Nachbarn oder Freunde, sprechen über Kinder und trauen Ihren Ohren nicht, wie beeindruckt, geradezu begeistert die anderen (Eltern) über Ihre – ja: Ihre! – Kinder sprechen. Wie hilfsbereit die sind, wie umsichtig, wie bereitwillig die mit anfassen, auch ohne Aufforderung.

Mir ist das des öfteren passiert und ungläubig ging ich nach Hause, wartete, was geschehen würde, wenn ich meine Kinder sehe. Und? Nichts da! Wie immer! Lustlos, wenn es darum ging, mitzuhelfen. Sie sahen schlichtweg nichts, wo sie einfach mit einem Handgriff mir das Leben hätten leichter machen können. Es waren eben meine Kinder und nicht die, die die Nachbarn kennen.

---

1 Diese Kommentare könnten mir auch helfen, die aktuellen Begriffe der Jugendsprache kennenzulernen, die ich sonst nie hören würde – eine Lernchance also ...

Heute habe ich dafür eine – zumindest mich – überzeugende Erklärung, die ich mit dem Begriff *Elternschicksal* belege.

Ich sehe es jetzt als Erfolg auch meiner erzieherischen Bemühungen, wenn sich meine Kindern anderenorts, außerhalb der elterlichen Wohnung, „gut" verhalten, zeigen, dass sie mitdenkende und verantwortungsvolle Menschen sind.

Natürlich würde ich mir das auch zuhause wünschen – aber nein! Zuhause stellen sie fast jede Regel infrage, zeigen sich uneinsichtig, widerspenstig, fordern mich immer wieder heraus.

Ich denke, das könnte auch ganz gut so sein – wo sonst sollten *meine* Kinder lernen, welche Regeln gelten, welche wichtig sind und welche sie einhalten müssen, wenn nicht zuhause? Sie sind eben nicht prinzipiell aufmüpfig, sondern sie stellen Regeln dort infrage, wo sie sicher sein können, dass es möglich ist – und wo sollte das besser sein, als im Umgang mit den Eltern, die ihre Kinder lieben, ihnen verzeihen und sie immer wieder anregen?[2] Eben – *Elternschicksal.*

2 Stellen Sie sich vor, Ihre Kinder würden das Austesten von Regeln bei Ihren Nachbarn üben ...

Deshalb ein kleiner Tipp, den ich erst vor kurzem aufgeschnappt habe.

Als Vater oder Mutter beklagen wir uns darüber, dass unsere Kinder nie das tun, was sie sollen, immer dagegen angehen.

Sie merken schon – *nie* oder *immer,* das sind genau die Bewertungen, die es mir als Vater so schwer machen, die Situation auszuhalten.

Deshalb könnte es hilfreich sein, einfach einmal innezuhalten. Am besten dann, wenn es am schwersten fällt, also mitten drin, wenn ich gerade dabei bin, mich tüchtig zu ärgern, dass *schon wieder* und *immer* oder *nie* ...

Einmal tief Luft holen, mich umdrehen und überlegen – *schon wieder* und *immer* oder *nie* ... und mich dann selber fragen: „Wann war es das letzte Mal, an das ich mich erinnern kann, als mein Sohn/meine Tochter angepackt hat (mitgeholfen, von sich aus etwas getan ...)?"

Ich kann mir heute jedenfalls nicht mehr vorstellen, dass meine Kinder *nie* von sich aus etwas getan haben (wozu ich sie sonst aufgefordert hätte). Sie taten es – *manchmal, aber nicht immer*[3].

---

[3] Wie die meisten Menschen neige auch ich dazu, das, was mich betrifft, aufregt, ärgert oder stört, schlicht zu verallgemeinern, so dass ich in solchen Situationen dazu neige, nur diese eine – störende – Seite zu betonen und (fast) alles andere aus den Augen zu verlieren.

Das hat mich zurückhaltender gemacht – und nachdenklicher: ich meine, so manche meiner Regeln waren wohl doch einfach das – *meine* Regeln, die *für mich* Sinn machten, weniger für meine Kinder.

Also habe ich angefangen, danach zu fragen, wie ich es – als pädagogisch bewusster Vater – schaffen könnte, dass meine Kinder den *Sinn* der Regeln einsehen. Da merkte ich sehr bald, dass die Regeln – viele oder auf jeden Fall einige –, wenn überhaupt, vor allem *für mich* Sinn machten. Und das hat mich dann in meinen Gedanken manchmal abschweifen lassen und mich, vielleicht überraschend, vielleicht auch selbstverständlich, auf eine interessante Spur gebracht – mir kamen öfters Gedanken an meine eigene Kindheit und an Regeln, die meine Eltern aufgestellt hatten und wie es mir damit ergangen war. Meist war ich sehr uneinsichtig und fast immer war es das Donnerwetter oder die Eindeutigkeit meiner Eltern – manchmal auch die Konsequenzen (die auch wirklich eintraten!) –, die mich veranlassten, Regeln einzuhalten. Einsicht war es fast nie.

Heute fasse ich das – überspitzt ausgedrückt – so zusammen: wenn meine Kinder meine Erklärung, weshalb meine Regeln sinnvoll sind, einsehen und danach handeln, dann, ja dann, wären sie wohl kaum mehr Kinder, sondern schon mehr Erwachsene. Da sie Kinder sind, handeln sie eher nach *ihrer* Einsicht und kaum oder weniger nach *meiner.*

Das sollte mich keinesfalls hindern, meine Regeln zu begründen und zu erläutern, denn auch Kinder begreifen den Sinn – meist allerdings erst (etwas) später.

Diese Einsichten und Erkenntnisse haben mir dann mein erzieherisches Leben *ein wenig* leichter gemacht, zumindest *manchmal.* Wie gesagt: nicht leicht, sondern ein wenig leicht**er**, denn bei allem sollte ich nie vergessen zu erwähnen, dass auch Erziehen harte Arbeit bedeutet – ohne Lehrzeit, ohne Probezeit und ohne, dass ich den Auftrag zurückgeben kann, denn mein Kind ist und bleibt da. Diese Verantwortung kann ich nicht abgeben, höchstens teilen ...

Kapitel 4
Wenn es „dick" kommt
oder:
Spiel' mal wieder ...

Sie kennen vermutlich alle solche Situationen: Sie müssen los, Sie wollen los, vielleicht ein Spaziergang mit den kleinen Kindern oder der Besuch bei Oma und Opa. Wie auch immer. Jedenfalls ist heftiger Protest angesagt. Die „lieben Kleinen" wollen nicht – sie wollen weder mit, noch wollen sie sich anziehen lassen. Freundliches Zureden, Versuche des Überredens, vielleicht Versprechungen. Nichts hilft. Die eigene Stimme wird lauter, durchdringender und irgendwann weiß ich dann auch nicht mehr weiter. Schreien, brüllen, fester zupacken – mit dem Ergebnis, dass die „lieben Kleinen" genau so reagieren – laut und widerspenstig[1].

1 Wie anders könnten sich meine kleinen Kinder helfen, um mich davon abzubringen, etwas zu tun, mit dem sie überhaupt nicht einverstanden sind – zumal, wenn sie mir auch sprachlich unterlegen sind (etwa wenn sie erst anfangen, das Sprechen zu lernen)?

Solche – und ähnliche Klagen höre ich auch von vielen Eltern in meiner Praxis immer wieder – und ich selber habe das auch oft genug durchlitten. Es geht um Auseinandersetzungen, Streit: „Der bringt mich auf die Palme!" „Da kann ich sagen, was ich will ... nichts passiert!" „Wenn er doch nur einmal, ein einziges Mal, aber nein, immer gegenan. Immer schafft er es, dass ich mich aufrege!"

Und dann folgen sehr detaillierte Beschreibungen – sei es beim Essen, beim Aufräumen, bei abgesprochenen Pflichten. Es scheint ausweglos. Ein Teufelskreis. Kein Ausweg. Hilflosigkeit, Aufregung. Krach und schlechte Laune. Auch Bestrafungen. Nichts hilft.

Es ist mir schwergefallen, meine eigene Hilf- und Machtlosigkeit einzusehen und einzugestehen. Und doch war das ein *erster* Schritt. Es war die Frage „*Wozu* reg' ich mich auf?", denn mir wurde dabei irgendwann klar, dass sich nichts änderte – ob ich mich aufregte oder ruhig blieb, das machte keinen Unterschied. Nur – es musste doch etwas geschehen, es konnte doch nicht einfach so weitergehen, oder?

Irgendwann – wann und wie weiß ich nicht mehr genau – hat es dann bei mir „geklingelt". Vermutlich hatte ich es satt, und deshalb wollte ich mich nicht mehr aufregen. Es hatte ja doch alles keinen Zweck. Natürlich kamen mir

Gedanken wie „Das geht doch nicht" oder „Dann wird alles ja noch schlimmer". Hier und heute kann ich die Geschichte meiner Änderung sehr wertschätzend erzählen – und es hat geholfen. Deshalb möchte ich Ihnen hier die spätere Version erzählen.

Da nichts nutzt, kein Aufregen, kein Drohen, kein Strafen, könnte es an der Zeit sein, etwas *anderes* zu probieren. Vielleicht etwas, was *weniger erwachsenengerecht* und *mehr kindgemäß* sein könnte. Vielleicht ... [2]

Kinder spielen. Mit Freude und Begeisterung. Also – wieso nicht ein Spiel daraus machen? Das Spiel hat für mich den – zugegeben: etwas umständlichen – Titel *„Morgen wirst du es nicht schaffen, dass ich mich aufrege."*

Die Spielregeln sind einfach, müssen allerdings am Abend vorher öffentlich – also im Familienkreis und vor allem in Anwesenheit der Kinder – angekündigt werden, etwa folgendermaßen: „Ich werde mich morgen nicht über dich aufregen. Du wirst es nicht schaffen, dass ich mich aufrege. Ich werde ganz ruhig bleiben. Nicht schreien, nicht drohen."

---

[2] Auch ich habe oft vergessen, dass *meine Meinung/ Perspektive* immer nur *eine* Perspektive war – es fiel mir oft schwer zu begreifen, dass meine Kinder eine *ganz andere* Perspektive haben, einfach weil sie als Kinder anders sehen, denken, fühlen ...

Am besten sagen Sie das mit ruhiger Stimme.

In der Regel folgt ungläubiges Staunen. Und Freude – bei Ihrem Kind. Vorfreude darauf, gewissermaßen Narrenfreiheit zu haben, alles tun zu können, ohne dass Sie sich aufregen.

Nun, lächeln Sie ruhig weiter, bleiben Sie ganz ruhig. Sie merken schon, der erste Test hat bereits begonnen.

Wenn Ihr Kind dann Pläne entwickelt, wie es Sie ganz sicher aufregen kann, stimmen Sie freundlich zu, etwa indem Sie sagen: „Ja, das hat bisher geklappt. Aber, wie gesagt, morgen ist es anders. Ich werde mich nicht aufregen." Machen Sie am besten wieder eine kleine Pause, ehe Sie ergänzen: „Und was ich dann tun werde ... ja, das weißt du auch noch nicht ..."

Vergessen Sie nicht zu erwähnen, dass das Spiel erst morgen beginnt, also können Sie heute noch das tun, was Sie sonst auch tun.

Ein kleiner Tipp, wenn Sie das Spiel zum ersten Mal spielen – schreiben Sie es sich auf, legen Sie sich einen Zettel auf oder neben den Wecker, damit Sie sich morgen früh sofort daran erinnern, dass heute der *Spieletag* ist[3].

---

3 In der Fachsprache spricht man von einem *Anker*. Oft haben wir Anker, um uns an Negatives zu erinnern. Dabei bin ich, wie Sie sicher auch, viel mehr am Angenehmen, Positiven interessiert. Dafür ließen sich auch Anker finden ...

Dann kommt der nächste Tag.

Für mich war es hilfreich, weniger darauf zu achten, was genau mein Kind machte, sondern mehr darauf zu achten, *wie* es versuchte, *mich auf die Palme zu bringen*. Das hat sich für mich als kleiner, aber wichtiger Unterschied herausgestellt. Ich achtete nämlich weniger auf das, was mein Kind tat, als vielmehr darauf, wie *erfolgreich* es war, mich auf die Palme zu bringen. Und das konnte ich durchaus schätzenswert sagen, denn das war *Ziel des Spiels*: „Das war gut. Normalerweise wäre ich jetzt an die Decke gegangen. Aber heute ... heute will ich gerne gewinnen. Deshalb rege ich mich nicht auf. Aber das war wirklich gut von Dir."

Was sich damit bei mir ergeben hat, war einfach, dass ich mehr auf die *Fähigkeit* meines Kindes achtete, mich aufzuregen und weniger darauf, was es konkret tat. Es war schließlich ein Spiel.

Genau diese Definition – *Spiel statt Ernst* – hat mich *gelassener* gemacht. Und den Tag irgendwie spielerischer. Alles, was geschah, war eben nicht persönlich, sondern Teil eines Spiels. Das half mir, *mich zu beobachten* – als Spielstrategie gewissermaßen.

Und am Abend fand dann die „Auswertung" statt: entweder hatte mein Kind gewonnen oder ich. Im ersten Fall konnte ich ihm *gratulieren,* er war eben einfach besser. Im letzteren Fall konnte ich mich bei meinem Kind bedanken – für sein Mitspielen, seine Leistung und seinen Einsatz.

Und wenn mein Kind dann am nächsten Tag wieder dabei war, mich aufzuregen, konnte ich mit einem Lächeln sagen: „Oh, dir hat es soviel Spaß gemacht, dass du heute gleich wieder weiterspielen möchtest ...“

Das hat das störende Verhalten nicht (sogleich) beseitigt oder verändert – es hat mir aber sehr geholfen, *mich (zumindest) anders zu dem Verhalten meines Kindes in Beziehung zu setzen*[4]. Wir spielten miteinander. Das hat die Schärfe (zumindest ein wenig) genommen und unsere Beziehung verändert. Vielleicht sollte ich der Ehrlichkeit halber erwähnen, dass wir oft viel Spaß beim Spielen hatten.

Ich erinnere mich noch ziemlich genau an meinen ersten Spieletag.

Schon morgens beim Aufstehen bzw. kurz danach begann es, in mir zu brodeln. Die Kinder trödelten und die Zeit lief, denn Schul- und Kindergartenbus warteten einfach nicht. Ich war kurz davor, mich aufzuregen, hatte schon tief Luft geholt, als ich mich daran erinnerte, dass

[4] Denn die Bedeutung, die ich dem Verhalten zuschreibe, bestimmt, wie ich es bewerte ...

heute Spieletag war. Ich atmete aus, lächelte und sagte den Kindern: „Nein, heute nicht, heute rege ich mich nicht auf. Fast hättet Ihr es geschafft. Fast hättet Ihr gewonnen. Eben – fast."

Die Reaktion: Ich war stolz auf mich, die Kinder grinsten und lachten, die Stimmung kippte – zum Positiven.

Ich habe dieses Spiel dann noch öfter gespielt, muss allerdings bekennen, dass ich es nicht jedes Mal vorher öffentlich angekündigt habe ....

Heute denke ich, dass das, was bei diesem Spiel *auch* geschehen sein könnte, eine *andere Betrachtung* war, die sich – zumindest längerfristig – als hilfreich und nützlich erwiesen hat. Anstatt das Verhalten meines Kindes *ausschließlich* als negativ zu bewerten, habe ich darin auch eine *soziale Fertigkeit* erkennen können – nämlich sein Vermögen, mein Verhalten nach seinem Sinne zu beeinflussen. Und wenn ich erst einmal imstande war, bei meinem Kind *eine* Fertigkeit, ein Vermögen, eine Kompetenz zu sehen, dann sprach doch nichts dagegen, nach *weiteren* Fertigkeiten Ausschau zu halten.

Diese Veränderung des Blickwinkels hat sich für mich als überaus hilfreich erwiesen.

Noch ein Beispiel?

Ich denke, Ihnen geht es vermutlich wie mir, was die Erziehungsziele angeht. Ich möchte, dass meine Kinder selbstbewusst werden, ihre eigene Meinung vertreten, zu ihrer Meinung stehen, auch gegen die Ansichten anderer.

Alles schön und gut, aber was, wenn meine Kinder ziemlich andere Ansichten haben als ich? Und wenn sie dann auch noch bei mir leben? Und ihre Meinung beibehalten ... Jaja, Elternschicksal – Kinderlos ...

Hier hat mir das Wertschätzen sehr geholfen – etwa indem ich *meinen* Erziehungserfolg betont habe: „Da habt Ihr glücklicherweise einen tollen Vater, der so selbständige Kinder miterzogen hat. Herzlichen Glückwunsch!"

Nicht das Gegeneinander, sondern die erworbene Fähigkeit steht im Blickpunkt – und daran lassen sich Gespräche anknüpfen ...

Da ist es wieder – immer wieder: Elternliebe und der Stolz auf die (eigenen) Kinder. *Das* grundlegende Erziehungsprinzip, denke ich.

Kapitel 5
Nicht für die Schule lernen wir oder: Das gilt auch für die Hausaufgaben

Mit der Schule haben wir, was unsere Kinder betrifft, viel Glück gehabt – es lief einfach gut und glatt. So jedenfalls stellt es sich für mich aus heutiger Sicht dar. Ich kenne allerdings auch viele Klagen – Lustlosigkeit, keinen Bock haben, Hausaufgaben schleifen lassen. Anders gesagt – Dauerstress und Dauerstreit über das, was die Schule in der Familie bewirkt.

Und da wir alle selber Schulerfahrungen haben (und heute – als Erwachsene – wissen, was wir hätten [besser?] machen können oder sollen), möchten wir natürlich, dass es unsere Kinder tatsächlich besser machen.

Das, so denke ich, könnte der erste Knackpunkt sein. Wieso? Nun, Sie erinnern sich daran, dass ich von den Unterschieden der zeitlichen Perspektiven sprach – *Ewigkeitseinheiten.* Wieso, so kann ich heute fragen, sollte sich mein Kind auf meine Perspektive einlassen?

Als meine Kinder zur Schule gingen, erinnerte ich mich – natürlich – auch an *meine* Erfahrungen mit *meinen* Eltern. Drei sind mir besonders lebhaft in Erinnerung.

Zum einen bestanden meine Eltern darauf, dass ich die Hausaufgaben immer als erstes erledigte. Höchstens unterbrochen vom Mittagessen. Erst danach hatte ich „frei" – durfte machen, was ich wollte.

Zum anderen hatte ich – zumindest in den ersten Jahren – die fertigen (schriftlichen) Hausaufgaben an einem bestimmten Platz abzulegen, damit meine Mutter oder mein Vater sie kontrollieren konnten. Ich bin mir heute noch nicht sicher, ob sie das tatsächlich immer machten – oder nur manchmal.

Und zum dritten war meine Schullaufbahn Voraussetzung für alles andere. „Du kannst die Schule schaffen", hieß es einfach „und das erwarten wir von dir." Erst wenn ich meinen Teil dazu beitrug, durfte ich auch viele andere Sachen machen.

Daran erinnerte ich mich bei meinen Kindern wieder und ich bemühte mich, Ähnliches auch zu praktizieren. Einiges davon fiel mir leicht, z.B. die Sache mit der Lustlosigkeit. Sätze wie „Schule ist doof" oder „Ich hab' keine Lust" konnte ich – aus eigener Erfahrung – durchaus nachvollziehen. Deshalb brauchte ich auch gar nicht zu widersprechen. Statt dessen sagte ich einfach: „Ja, genau, Schule ist doof und Du hast keine Lust ... Brauchst Du auch nicht ... Es reicht, wenn Du hingehst – auch ohne Lust."

Das nahm vielen Debatten den Wind aus den Segeln. Schule war Pflicht. Ob mit oder ohne Lust. Das stand nie zur Debatte. Ich fand das sehr hilfreich. Ich merke doch selber, dass ich auch nicht immer Lust zu alldem habe, was ich tun muss. Nur – ich *muss* es tun – ob mit oder ohne Lust. Und dasselbe, denke ich, sollte dann auch für meine Kinder gelten.

Inzwischen denke ich, dass die Frage der Lust am Ziel vorbeiführen könnte. Wieso sollte mir all das, was ich zu tun habe, tun muss, Lust machen? Manches ist einfach *beschwerliche Pflicht.* Manches ist notwendig. Manches unerlässlich. Und manches macht auch noch Spaß oder Lust. *Manches, aber nicht alles.*

Hilfreich, wenn es um Schule ging, war mir immer, wenn ich es schaffte, mir die *Perspektive meiner Kinder* klar zu machen – eben nicht nur meine Erwachsenenwelt zu sehen. Das gelang mir leichter, wenn ich mich daran erinnerte, wie es mir ergangen war, als ich so alt war wie mein Kind, mit dem ich gerade zu tun hatte. Da sind mir viele Erinnerungen gekommen. Vieles habe ich dann auch erzählt (nein, ehrlich – eher Ausgewähltes, denn wenn meine Kinder alles wüssten, was ich und wir in der Schule gemacht haben ...) – das waren für die Kinder interessante Geschichten. Gute Begegnungen. Angenehme Begegnungen.

Meine Eltern wollten von mir immer unbedingt wissen, was in der Schule los war, was es Neues gab. Jeden Tag. Das fand ich nervend. Schließlich habe ich gelernt, damit umzugehen – ich habe einfach zwei, drei Sachen erzählt (natürlich nur unverfängliche Sachen), noch ehe sie fragen konnten. Und siehe da – sie fragten nicht mehr.

Als ich mich daran erinnerte, habe ich meine Fragerei ziemlich verändert und eingeschränkt. Schließlich, denke ich, gibt es interessantere Themen als Schule, oder?

Das galt später auch für Hausaufgaben. Irgendwann – glücklicherweise sehr schnell – gab ich es auf, die Hausaufgaben zu kontrollieren, indem ich daneben saß. Der Älteste hatte keine Lust, und das zeigte er auch mehr als deutlich. Und ich, der Alte, hatte auch keine Lust, meinte aber immer, es müsse sein – und schon gab es die nächste Auseinandersetzung.

Ich merkte, dass mir das nicht gut tat und vor allem – die Beziehung verschlechterte sich. Ich weiß nicht mehr, wer oder was mich geritten hatte, aber ich sagte eines Tages, als wir gerade dabei waren, den nächsten Streit, die nächste Auseinandersetzung über Hausaufgaben zu beginnen: „Im Grunde will doch dein Lehrer, dass du die Hausaufgaben machst, oder?"

Nicken oder Gemurmel.

„Das ist dann doch seine Aufgabe. Da brauchen wir uns doch deswegen nicht in die Haare zu kriegen. Er will es doch, oder ... Willst du Hausaufgaben machen?"

Ein erstaunter Blick, ungläubig. „Nein."

„Gut. Dann pack' ein."

Und das machte er dann – erst zögerlich, weil er wohl wieder einen elterlich-pädagogischen Trick vermutete.

„Nein, das ist schon in Ordnung. Wenn dein Lehrer nicht damit einverstanden ist, dann muss er sich an dich wenden. Ich bin dafür nicht zuständig."

Ich kann mir denken, was Sie jetzt vielleicht sagen – „das geht doch erst, wenn die Kinder älter sind" oder „aber sie müssen doch die Schule schaffen" oder „ja klar, das geht, wenn die Kinder schon schlau genug sind."

Alles berechtigt und doch ... was auch immer Sie tun, Sie können nicht die Schule für Ihr Kind besuchen und durchlaufen. Das muss Ihr Kind selber tun. Dafür trägt es die *Verantwortung*. Alles, was Sie können, denke ich, ist, ein passendes Umfeld bereithalten.

Sie kennen sicher den Satz „Du kannst das Pferd zum Wasser führen – trinken muss es selber."

Dasselbe, so sehe ich es, gilt für Ihr Kind und die Schule.

Klar, das heißt nicht, nichts zu tun, einfach zuzusehen. Im Gegenteil – ich kann mein Kind fragen, ob es meine Unterstützung braucht und welche. Ich kann ihm meine Sorgen wertschätzend mitteilen und fragen, fragen, fragen ... eben *da sein*.

Und *da sein* wird besonders eingefordert, wenn die Leistung nicht stimmt. Wenn Ihr Kind mit der schlechten Zensur nach Hause kommt, dann braucht es wohl keine Standpauke. Würde Ihnen das gefallen, wenn Sie Ihr Kind wären? Mir nicht. Ich bräuchte Verständnis, Mitgefühl, Unterstützung und Aufbau. Kein Besserwissen. Das ist nicht leicht als Vater ... aber wer hat gesagt, dass Vatersein, dass Elternsein leicht und einfach sei ...

Kapitel 6
Geheimnisse oder: Wie sag' ich's meinem Kinde?

Nein, es ist jetzt nicht die Rede von Sexualität und Aufklärung. Es geht um Geheimnisse auf Seiten der Eltern, darum, wie Eltern zu ihren Entscheidungen kommen, die die Kinder betreffen. Bei mir gibt es da eine Art „Schlüsselerlebnis" – leider erst zu einer Zeit, als die Kinder schon ziemlich groß (also: erwachsen) waren. Dennoch – Einsichten kommen zwar (manchmal) spät, aber wohl doch nie zu spät.

Wir saßen zu dritt am Tisch – meine Frau, eine Kollegin, mit der ich des öfteren zusammengearbeitet habe und ich. Wir – meine Frau und ich – diskutierten über etwas, was unsere jugendliche Tochter betraf. Worum es ging, weiß ich nicht mehr, das ist, glaube ich, auch nicht so wichtig. Es war etwas, über das wir – die Eltern – uns sorgten. Wir wägten ab, spekulierten über Hintergründe und Folgen und kamen schließlich zu einer (elterlichen) Einigung.

Da lehnte sich meine Kollegin zurück, nickte beinahe bewundernd mit dem Kopf und sagte: „Donnerwetter! ... Macht ihr euch Gedanken um eure Tochter ... Ob sich meine Eltern auch so viele Gedanken um mich gemacht haben? ... Das hätte ich gerne gewusst ..."

Irgend etwas klingelte da in meinem Kopf. Es dauerte einige Zeit, bis ich es in Worte fassen und aussprechen konnte.

Das war's – das war es, was mir das Leben so schwer gemacht hat. Wir wägen ab, prüfen dieses und jenes, ziehen das eine oder das andere in Betracht und kommen schließlich zu einer Entscheidung. Und unsere Kinder? Die bekommen die Entscheidung mitgeteilt. Fast immer nur die Entscheidung. So gut wie nichts über die sorgenvolle Diskussion. Und wenn doch – dann erfahren sie zumeist wenig über die Diskussion, sondern hören nur die spätere – und oft pädagogisch aufgemotzte – Zusammenfassung.

Heute bin ich ein wenig schlauer geworden – wieso sollte ich meine Kinder nicht an dieser Diskussion teilhaben lassen? Als Zuhörer, nicht als Teilnehmer ... Das macht in meinen Augen, den Unterschied, der einen Unterschied macht. Meine Kinder sind Zeugen im Sinne von Zuhörern; sie sind nicht Diskussionsteilnehmer.

Das hat sich – relativ – bewährt. In Familien sind gemeinsame Mahlzeiten oft ein guter Zeitpunkt. Alle Familienmitglieder sind da. Und jetzt können die Eltern miteinander reden – über das, was sie bewegt und über welchen Entscheidungen sie brüten. Die Debatte wird gleichsam in Anwesenheit derjenigen geführt, die dann die Entscheidung (und deren Folgen) tragen und ausbaden werden. Und wenn die Kinder dazwischen reden, miteinander über anderes sprechen oder aufstehen und gehen – es ist in Ordnung, einfach weil wir Eltern miteinander reden und den Kindern Gelegenheit geben bzw. ihnen die Möglichkeit einräumen, zuzuhören. Wenn sie es wollen. Es bleibt ihre Entscheidung. Es ist kein „Muss", sondern ganz freiwillig.

Was mich dabei immer wieder beeindruckt hat, war die Bereitschaft, mit der die Kinder der Diskussion folgen und gelegentlich ihre Beiträge, ihre Sichtweisen, einbringen. Und vor allem, und das erscheint mir bedeutsam, die hinter jeder Entscheidung stehende Sorge und Liebe wird erkennbar. Entscheidungen werden somit durchschaubarer – weil der Hintergrund, die Überlegungen, einfließen.

Ich verstehe dies nicht als eine Art pädagogischen Trick. Im Gegenteil – für mich ist dies Ausdruck einer wertschätzenden und liebevollen Grundhaltung. Deshalb lasse ich meine Kinder zuhören, an meinen Gedanken teilhaben.

Diese Form des Miteinander-Redens hat sich für mich bewährt. Ich habe meine Kinder dabei auch anders kennengelernt. Als gute einfühlsame Zuhörer, als engagierte Vertreter ihrer Meinungen, als große Hilfe, meine Sorgen zu verkleinern – Sie merken schon: als wertschätzende und wertzuschätzende Personen.

Mich hat das so sehr beeindruckt, dass mir dann weitere Ideen gekommen sind, wie ich diese Art des Miteinander nutzen kann, selbst wenn die Kinder nicht anwesend sind oder wir gerade einmal – das kommt schließlich in den besten Familien vor – so unterschiedlicher Meinung sind, dass ein Zuhören schwerlich möglich ist.

Ich habe das *Briefe schreiben* genutzt. Ab und zu schreibe ich meinen Kindern Briefe. Zu erzählen gibt es immer viel. Und wenn ich meine Sorgen nicht los werde, weil genau dieses eine Kind nichts von mir wissen wollte, dann habe ich irgendwann angefangen, ihm oder ihr einen Brief zu schreiben. Das hat mich anfangs einige Überwindung gekostet – ich hatte schließlich von mir zu schreiben, weil ich etwas wollte[1].

---

1 Meist wollen wir Eltern von unseren Kindern etwas wissen – was sie tun, denken, fühlen, vorhaben usf. Von uns selber, von unseren Gedanken und Gefühlen, die uns auch als Erwachsene betreffen (und nicht nur uns als Eltern) sprechen wir unseren Kindern gegenüber fast nie. Darauf haben mich auch meine Kinder hingewiesen ...

Und so saß ich vor dem Schreibpapier und stellte mir mein Kind im Geiste vor. Das erste, was mir einfiel, war einfach, dass ich stolz war, dass ich vieles einfach gut fand und bewunderte. Und das schrieb ich auf – ehe ich auf meine Sorgen zu sprechen kam. Und immer hatte ich dabei sein Bild vor Augen, versuchte mir vorzustellen, wie es mir gehen würde, wenn ich so einen Brief bekäme.

Mir hat das sehr geholfen, bei mir zu bleiben – *meine Sorgen als meine zu beschreiben* und zu begreifen (und zu schreiben), dass mir die Sorgen des Alten vermutlich manchmal auf den Geist gehen würden.

Ich fühlte mich besser, wenn ich so einen Brief geschrieben hatte – erleichtert.

Das habe ich dann öfter gemacht – auch *„einfach so" mal zu schreiben.* Denn ich habe gemerkt, ich bekomme auch gerne (nette und freundliche) Briefe. Das ist manchmal sogar passiert – Post von meinen Kindern.

Heute denke ich, eine solche Botschaft „über Umwege" – also nicht von Angesicht zu Angesicht – hat auch Vorteile. Und ich denke auch, dass diese Vorteile nur dann zum Tragen kommen, wenn aus dem Brief meine Wertschätzung, meine Liebe, erkennbar wird. Das war nicht immer einfach ... aber lohnend.

Kapitel 7
Wer hat Schuld oder: Was tun wir als gutes Team?

Sie kennen das wahrscheinlich genauso gut wie ich – wenn etwas nicht funktioniert, nicht so klappt, wie ich es mir wünsche, dann suche ich nach *Erklärungen*. Ich betreibe *Ursachenforschung*. Aus gutem Grund. Oft genug hat es mir geholfen, die Ursache zu finden, um sie dann zu beseitigen – und alles funktioniert wieder wie gewünscht.

Diese Idee ist so verbreitet, dass sie beinahe als eine unumstößliche Wahrheit gelten könnte – wenn sie denn wahr wäre ...

Einmal bitte ich mein Kind, etwas zu tun – und siehe da, es wird erledigt. Ein anderes Mal bitte ich mein Kind wiederum, etwas (vielleicht sogar dasselbe) zu erledigen – und siehe da: nichts, ganz im Gegenteil. Widerworte, Argumentation, Diskussion, vielleicht sogar Rauslaufen, Türen knallen.

Ich suche nach Erklärungen – und *meine Erklärungen haben sich immer wieder geändert.* Manchmal fühlte ich mich überreizt und dachte, ich hätte mich im Ton vergriffen. Ein anderes Mal dachte ich, mein Kind wolle schlicht opponieren, seinen dicken Kopf durchsetzen. Noch ein anderes Mal dachte ich, es könnte der schlechte Einfluss anderer gewesen sein.

Ich bin immer auf viele – teilweise sehr verschiedene – Erklärungen für ein und dasselbe Verhalten gekommen. Heute denke ich, dass es solche eindeutigen Erklärungen auch gar nicht geben kann – ich wünschte mir allerdings oft, dass es sie gäbe. Aber das war mein Wunsch ...

Wenn Erklärungen nicht reichen, dann, so habe ich früher oft angenommen, könnte, sollte oder müsste es doch helfen, die *„zugrunde liegende Motivation“* herauszubekommen. Das führte dann meist zu sehr unerfreulichen Gesprächen mit meinen Kindern, denn wie sollten sie ihr Verhalten begründen, das *ich* nicht in Ordnung fand?

Im Grunde konnten sie es gar nicht – zumindest hätten sie mich mit ihren Antworten nie zufriedenstellen können, denn ich hoffte – natürlich –, dass sie dann, wenn sie ihre schlechten Gründe einsehen würden, ihr Verhalten ändern. Und vor allem – sie hätten schon das sagen müssen, was ich als ihre Motivation ansah.

Heute ist mir sehr klar, dass ich es auch nicht gerne habe, nach meinen *schlechten* Gründen befragt zu werden. Da streite ich lieber alles ab, beharre auf meinem Standpunkt – schiebe dem anderen zu, dass er mich ja weder verstehen will, noch verstehen möchte. Und was sollte dann noch bei einem solchen Gespräch herauskommen ...

Hilfreich war mir, mich zu bemühen, *mit den Augen meines Kindes* zu sehen, mich in seine Situation zu versetzen, gleichsam seine Brille aufzusetzen[1]. Dann sah das Ganze für mich manchmal schon sehr anders aus. Hilfreicher, mitfühlender ... und nachvollziehbarer. Natürlich gelang mir das nicht immer, vor allem auch nicht sogleich, manchmal erst später.

Dieser Blick – auch ein mich an meine eigene Kindheit erinnern, daran, wie ich mich gefühlt hatte, als meine Eltern so mit mir geredet haben – ermöglichte es mir irgendwann zu begreifen, dass, wie es so schön heißt, wir alle auch manchmal im selben Boot sitzen. Im Grun-

[1] Manchmal hilft es schon, sich auf Augenhöhe seines Kindes zu begeben – das ändert das, was ich sehe.

de wollten wir alle dasselbe – ein angenehmes, befriedigendes, glückliches, harmonisches (hier können Sie Ihren Begriff einsetzen:__________) Leben miteinander führen.

Nur – leider – die Absicht reicht offenbar nicht immer aus, das Ziel zu erreichen.

Dennoch ist es mir hilfreich, Erklärungen zu haben. Erklärungen habe ich immer. Wenn mir eine fehlt, dann suche ich solange, bis ich eine gefunden habe – eine, *die zu mir passt.* Denn die Erklärung leitet mich in dem, was ich tue.

In der Erziehung wird – klassischerweise – oft zwischen *„böse"* und *„krank"* unterschieden[2]: entweder das Kind ist böse, will nicht, will absichtlich nicht – oder es kann nichts dafür, ist krank, gestört, in seinem Leistungsvermögen eingeschränkt.

Diese „Grundunterscheidung" lässt sich dann noch weiter verfeinern: „böse, weil ..." oder „krank, weil ..."

Daraus lassen sich hoch interessante Ideen ableiten – eingedenk der Unterschiede zwischen Erwachsenen und Kindern, die ich bereits beschrieben habe (*Kapitel 2 – Unterschiede ...?*).

2 Diese Unterscheidung geht auf die eingängige englische Formulierung *bad* oder *mad* zurück.

„Spielen" könnte eine Idee sein, die hilfreich sein könnte. „Erziehen" *auch* als Spiel betrachten. Wie das gehen soll? Nun, nicht *ganz* einfach, möglicherweise aber doch *relativ* einfach. Ich möchte Ihnen einige Spielmöglichkeiten vorstellen. Vielleicht fühlen Sie sich angeregt, angesprochen und erfinden – zusammen mit Ihren Kindern?! – weitere Spiele.

Bei alldem *setze ich eines voraus* – dass Sie und Ihr Kind sich einig darin sind, dass sich etwas am Verhalten Ihres Kindes ändern soll, dass es z.B. nicht immer gleich herumtobt, dass es nicht immer seine Geschwister ärgert oder schlägt ...

Eine Spielmöglichkeit wäre, nach einem *Spitznamen* für das Problem zu suchen, einen Spitznamen zu finden, der das Problem möglicherweise sogar leichter oder kleiner machen hilft.

Wenn Ihr Kind beispielsweise sehr unkonzentriert ist, sich leicht ablenken lässt und dabei vergisst, übernommene Aufgaben zu erledigen (etwa Hausaufgaben), wäre die Frage, wie Sie „das" nennen können, was da mit Ihrem Kind geschieht. Vielleicht „Puff, der Ablenker" oder „Husch, der Wegläufer" oder „Peter Neugier".

Sie merken den Unterschied – jetzt ist es nicht mehr Ihr Kind, das „schuld" ist: jemand anderes, die Figur, die sie gerade *gemeinsam* erfunden haben, hat es geschafft, Ihr Kind dazu zu bringen, etwas zu tun, was es selber gar nicht will (deshalb ist es wichtig, dass Sie sich über das Ziel einig sind, dass auch Ihr Kind sich anders verhalten will ...).

Ist Ihr Kind dann wieder einmal sehr unkonzentriert, abgelenkt, dann hilft manchmal schon ein Hinweis auf die „schuldige Person", um das Verhalten zu ändern, etwa indem Sie fragen „Oh, hat Peter Neugier wieder interessante Vorschläge für dich?" oder „Weiß Husch, der Wegläufer, nicht, dass Du erst später Zeit hast?"

Und noch etwas könnte hilfreich sein: da Ihr Kind sein Verhalten auch ändern will, haben Sie die Möglichkeit, *dabei zu helfen*, das *Ziel des Spiels genauer* zu bestimmen – Ihr Kind will konzentrierter bei einer Sache bleiben, die Hausaufgaben in einem Stück erledigen oder was auch immer. Und *Ihr Kind spielt mit Ihnen in einem Team*! Sie sind ein Team, das gegen das Team von z.B. Peter Neugier antritt.

Sie können Taktiken planen, Spielzüge entwerfen, kleine und große Siege feiern oder – manchmal – dem gegnerischen Team zu einem gelungenen Spielzug gratulieren. Natürlich wissen Sie als guter *Trainer*, dass das wieder eine *echte Lernchance* war – wie können Sie Ihr Team trainieren, so dass es das nächste Mal dem Gegner Paroli bieten kann?

Sie merken schon – mir ist einfach wichtig, sich von der Frage nach der Ursache oder der Schuld *nicht* aufhalten zu lassen, sondern gemeinsam als Team daran zu arbeiten, erfolgreich zu sein. Und *in einem Team hat jeder und jede eine Aufgabe* – es ist ein Mannschaftsspiel. Und die Mannschaft sind Sie und Ihre Kinder. Sie spielen miteinander, wollen alle dasselbe und dazu brauchen Sie das Können jedes einzelnen ...

Und bei solchen Spielen erscheint mir wichtig, mich und meine Mitspieler daran zu erinnern, dass Spiele auch eine Auszeit haben – nenne ich das Pause oder Unterbrechung. Und *Training* erfordern. Und jeder auf den anderen angewiesen ist ... Und erfolgreich sein, heißt dann – natürlich – auch, fleißig trainieren. Anders gesagt: jede Niederlage ist der erste Schritt auf dem Weg zum nächsten Sieg. Und das braucht auch Zeit, Geduld und Unterstützung – vielleicht auch nur einen guten Trainer, der die Fortschritte nutzt ...

Kapitel 8
Zauberworte oder: Höflichkeit ist eine Zier ...

Wir leben im Norden Schleswig-Holsteins, einen Katzensprung von der dänischen Grenze entfernt. Dieser Landesteil gehörte in seiner bewegten Geschichte manchmal zu Schleswig-Holstein, dann wieder zu Dänemark und so wogte es hin und her. Kein Wunder also, dass im Norden Deutschlands die Südschleswiger wohnen – Dänen in Deutschland – und im Süden Dänemarks die Nordschleswiger – Deutsche in Dänemark.

Das hat zu interessanten Begegnungen zwischen den Kulturen geführt. Dabei fällt auf, dass mehr Dänen auch deutsch sprechen als Deutsche auch dänisch. Das könnte ich interpretieren, lasse es aber erst einmal.

Mich hat das nachdenklich gestimmt – wer ist bereit, sich auf die *Andersartigkeit* des anderen (mehr) einzustellen? Das wäre ein Aspekt. Ein anderer betrifft das *Wahrnehmen unterschiedlicher Umgangsformen.* Unsere Kinder, die natürlich auch mit südschleswigschen Kindern spielten, führten zeitweilig einen der „etwas anderen Bräuche" ein. Nach dem Essen, vor dem Aufstehen, sagten sie: *„Tak for mad" – „Danke fürs Essen."*

Als ich dies zum ersten Mal hörte, fielen mir sogleich die vielen – kleineren, manchmal auch größeren – Auseinandersetzungen beim und über das Essen ein: „Das mag ich nicht", „ich hab' keinen Hunger", „ich will Pommes" klang es *von der einen Seite,* „du musst auch Gemüse essen", „du musst mehr essen", „es gibt nicht nur das, was du magst" klang es *von der anderen Seite.*

Dass das Essen auf dem Tisch stand, dass genügend zum Essen da war, dass Mahlzeiten zubereitet worden waren, auch zum verabredeten Zeitpunkt – lauter *Selbstverständlichkeiten,* die kaum jemand zur Kenntnis nahm. Es sei denn, ich hatte beispielsweise gekocht, mich wirklich bemüht, etwas Besonderes auf den Tisch zu bringen, und hörte dann nur Sachen wie „keinen Hunger", „mag ich nicht" oder „das schon wieder" und in dieser Situation das, was am meisten traf „wieso gibt es nicht mal Pommes oder Brathähnchen?" Dann fühlte ich mich einfach nicht ausreichend gewürdigt.

Es geht mir hier nicht um Benimm-Regeln, sondern darum, aufmerksamer für die vielen Selbstverständlichkeiten zu werden, die im Alltag funktionieren, aber – eben weil es Selbstverständlichkeiten sind – nicht beachtet oder erwähnt werden. Auch ich habe mich dabei ertappt, vieles als gegeben hinzunehmen, mit keinem Wort zu erwähnen.

Das „*tak for mad*" hat mich wieder daran erinnert.

Und noch etwas hat dies unterstützt. Vor Jahren oder Jahrzehnten fuhren einige Autos mit dem Aufkleber herum „*Haben Sie Ihr Kind heute schon gelobt?*" Ich fand es unglaublich! Denn so etwas ist doch ganz selbstverständlich, oder? Dachte ich – bis ich in einem Stau hinter einem Auto mit diesem Aufkleber fuhr. Viel zu lange. Ich musste immer auf diesen Aufkleber schauen und fing an, mich über solche selbstverständliche Banalität aufzuregen. Natürlich nur innerlich.

Zuhause angekommen, ging es an die Abendroutine – Kinder waschen, Abendbrottisch decken, dafür sorgen, dass die Kinder Nachtzeug anziehen und zum Abendbrot kommen. Natürlich (natürlich?) ging das nicht ganz reibungslos, denn die Kinder hatten durchaus anderes im Sinn. Und schon war ich dabei, darauf zu beharren, dass meine bzw. unsere elterliche

Routine einzuhalten sei. Ermahnungen, Kritik, Vorwürfe.

Da fiel mir der Aufkleber ein *„Haben Sie Ihr Kind heute schon gelobt?"* und ich konnte glücklicherweise über mich selber lächeln. Da kommt der Vater nach Hause und ... meckert. Nichts über die Freude, seine Kinder zu sehen. Im Gegenteil, so scheint es.

Das alles hat mich ein bisschen aufmerksamer für die drei berühmten Zauberworte gemacht: *„bitte"*, *„danke"*, *„Entschuldigung"*.

Jetzt, das sollte ich auch erwähnen, sollte sich mein Blick eben nicht (nur) darauf richten, wie (gut) meine Kinder diese Worte benutzen, sondern (vor allem) darauf, wie gut ich sie zu benutzen weiß – und dies auch tatsächlich tue!

Wenn meine Kinder sich in die alltägliche Routine einpassen, ihre Aufgaben erledigen, alles reibungslos läuft – wie oft habe ich da vergessen, „danke" zu sagen ... Wie oft habe ich meine Kinder aufgefordert, etwas zu tun und dabei das Wort „bitte" unterschlagen oder weggelassen ...

Das passiert mir auch heute noch, immer mal wieder. Das war eines meiner Lernprogramme – Selbstverständlichkeiten selbstverständlich nicht als selbstverständlich zu betrachten, sondern sie selbstverständlich durch „danke" oder

„prima“ oder „finde ich gut, dass du das gemacht hast“ hervorzuheben.[1]

Das hat es mir leichter gemacht, auch einmal, wie es heißt, „fünfe grade sein zu lassen“, also für die Kinder einzuspringen, einfach deren Aufgaben auch einmal mit zu übernehmen, einfach weil ich wusste, dass sie das nicht nur bemerken (und „danke“ sagen würden), sondern auch weil ich mich darauf verlassen konnte, dass sie ihre Aufgaben weiterhin erledigten. Und ansonsten, denke ich, ist das ein gutes Modell für ein *verantwortliches Miteinander*. Und dazu kann ich nur „danke“ sagen.

Auch hieraus ließen sich *interessante Spiele entwickeln*, etwa durch meine Frage: „Könntest du bitte so nett sein und darauf achten, wie oft ich zu dir ‘bitte’ und ‘danke’ sage?“ Und wenn die Zustimmung erfolgt, diese Aufgabe zu übernehmen, würde ich sagen: „Danke.“

Das ließe sich zu einem *Familienspiel* ausbauen – wer am häufigsten „bitte“ sagt oder wer am häufigsten „danke“ sagt. Die umgekehrte Variante wäre sicher auch interessant: zu wem am häufigsten „bitte“ oder „danke“ gesagt wird ...

---

1 Mein Jüngster erfand die interessante Idee, eben nicht von der „Wertschätzung der sogenannten *Selbst*verständlichkeiten“ zu sprechen, denn diese wären „eigentlich ja *Un*selbstverständlichkeiten, oder?“

Und zur „Auswertung“ würde es dann immer ein gemeinsames Gespräch geben, in dessen Mittelpunkt die großartigen Dinge stehen – nämlich all das, was ein „bitte“ oder „danke“ ausgelöst hat, also ein Hinwenden zum Anerkennen und Würdigen von alldem, was im Alltag Anerkennung und Würdigung verdient, besonders den vielen Kleinigkeiten.

Ich könnte mir das als eine sehr interessante und auch sehr angenehme Unterhaltung vorstellen ...

Kapitel 9
Was, wenn's gar nicht läuft oder: Wo, bitte, finde ich Stärken?

Ich bin, wie vermutlich die meisten von Ihnen, darauf ausgerichtet, möglichst keine Fehler zu machen, Fehler zu vermeiden. So habe ich sehr viel über Fehler gelernt. Ein Kollege, Wolfgang LOTH, bemerkte einmal, wir würden in einer *Fehler-Bemerk-Kultur* leben.

Auch ich bin damit groß geworden – mir wurde meist gesagt, was ich *falsch* machte, was ich *nicht* tun sollte, womit ich lieber *aufhören* sollte.

Mir fallen in diesem Zusammenhang die Packungsbeilagen für Medikamente ein: da ist soviel die Rede von Nebenwirkungen und möglichen schädlichen Folgen, dass ich den Eindruck gewinnen könnte, allein die Einnahme des Medikaments – das doch heilen helfen soll – wäre gefährlich.

In meiner Erziehung habe ich sehr viel darüber erfahren, was ich alles *nicht* machen sollte: „sei nicht so vorlaut“, „pass auf, wo du hintrittst“, „sei nicht so transusig“, „sitz nicht so rum“. Ich wurde ziemlich gut darin, alles aufzuzählen, was ich nicht gut konnte oder was ich falsch machte.

Klar, es ist gut, auf die eigenen Fehler hingewiesen zu werden – nur damit wusste ich nie genau, was *konkret erwartet* wurde. Ein Beispiel: „sei nicht so vorlaut“ – was sollte ich tun? Gar nichts mehr sagen? Dann hieß es „sei nicht so still, sag auch mal was“. Fragen? Dann hieß es „frag nicht so viel. Das weißt du doch.“ Anstrengendes Lernen durch Versuch und Irrtum, wobei der Irrtum leitete, weniger der Erfolg. Schade, denn das machte mich auf Dauer eher vorsichtig ... oder rücksichtslos?

Dieser Mut, diese Bereitschaft, lernen zu wollen, nicht aufzugeben, die, so denke ich, wäre viel mehr zu honorieren, anzuerkennen, zu würdigen. Haben Sie schon mal genau geschaut, wie das bei Ihrem Kind aussieht?

Sie haben vermutlich auch diese Erfahrung im Kopf oder bei Ihren Kindern bemerkt – die Lust am Lernen, alles wissen zu wollen, die Welt zu erkunden. Doch haben Kinder – das war bei mir, bei Ihnen vermutlich auch, genauso, als ich klein war – ihre ganz eigene Art, die Welt kennenzulernen – eben die *kindgerechte individuelle Art*. Und die ging mir, da bin ich ehrlich, als Vater manchmal ziemlich gegen den Strich. Es war (manchmal) kaum auszuhalten ...

Und genau diese unterschiedliche Art gilt es, so denke ich, stärker wertzuschätzen – auch wenn es mir zunächst schwerfallen sollte. Denn es ist eben genau die Art, die mein Kind *auszeichnet*. Und was mein Kind auszeichnet, sollte doch etwas sein, worauf auch ich stolz sein kann, oder ...?

Hier fällt mir dann wieder der bereits erwähnte Aufkleber ein. Sie erinnern sich? *„Haben Sie Ihr Kind heute schon gelobt?"* Wie gut das tun kann, habe ich selber – als Erwachsener bewusst – erlebt: Bei meinen gelegentlichen Besuchen in den USA schien jedermann nur nett, freundlich. Ich erhielt dauernd Komplimente, obwohl die Leute im Grunde noch keine drei Sätze mit mir gewechselt hatten. Zurück in Deutschland – hier machte mir niemand mehr Komplimente. Beides hat mir wenig gefallen. Das eine war übertrieben, fand ich. Das andere – das war nun überhaupt nichts. Ein Mittelweg, das wäre gut!

Daran denke ich des öfteren, wenn ich dabei bin, mich wieder über etwas aufzuregen. Und dann gelingt es mir (zwar – noch – nicht immer, aber immer öfter ...) anders zu schauen, gelassener zu bleiben und auch mögliche positive Dinge zu erkennen.

Geholfen hat mir zusätzlich ein alter Song von Bob DYLAN, der mir irgendwie in den Sinn kam. Ich weiß leider nicht mehr genau, welcher seiner vielen Songs das war. Ich erinnere mich lediglich an die Textzeile: „Can't you see, it's not my problem ..." Etwa „Siehst du, es ist nicht mein Problem."

Das heißt nun nicht, dass ich gleichgültig geworden wäre. Mir hat das geholfen, auch einen anderen Blick auf das Geschehen werfen zu können, gleichsam einen Schritt zurück zu treten und mit den Augen eines interessierten Beobachters zuzuschauen. Das hat mir auch geholfen zu erkennen, dass ich nicht jedes Problem lösen muss (oder gar kann – ein Stück Bescheidenheit, das mir genutzt hat).

Wie soll das praktisch gehen, können Sie mit Recht fragen.

Nun, Sie erinnern sich noch an meine Idee *„Spiel' mal wieder"*? Das wäre eine Möglichkeit – eine von mehreren.

Etwas anderes wäre, so etwas wie „einen Blick *hinter* die Kulissen" zu werfen – denn mein Kind macht im Grunde nichts, um mich zu ärgern, sondern um etwas für sich zu erreichen. Und ich deute die Botschaft anders, in meinem Sinne – als störend. Einen Schritt zurück treten gewissermaßen, nicht allein auf das schauen, *was* mein Kind gerade macht, sondern auch darauf, was mein Kind *antreibt* – Wissensdurst, Neugier, Lebenslust. Das kann ich uneingeschränkt wertschätzen – und das sollte ich dann auch tun.

Ein Drittes könnte sein, darauf zu verzichten, Recht zu haben und mich statt dessen – für eine kurze festgelegte Zeit – auf das einzulassen, was mein Kind möchte. Wieso sollte es immer nach meiner Pfeife gehen? Wieso nicht einmal meine Pfeife aus der Hand legen und fünf Minuten nach der Pfeife meines Kindes tanzen? Ja – wieso eigentlich nicht?

Ein Viertes könnte sein, mich anders zu verhalten, anders zu reagieren als üblich. Mich z.B. dafür zu bedanken, dass mein Kind mir dabei hilft, nicht immer nur ein Schema durchzuziehen, sondern Neues auszuprobieren.

Oder vielleicht nur wahrzunehmen, dass mein Kind meine Aufmerksamkeit auf sich zieht und nur das ernstnehmen, statt sogleich das Verhalten zu kommentieren. Also bevor ich etwas sage, mein Kind in den Arm nehmen, ihm oder ihr einen Kuss geben und erst dann etwas sagen. Das ist übrigens – wie mir viele Eltern bestätigt haben – manchmal eine ganz ausgezeichnete Methode, wenn ich als Vater sehr, sehr genervt bin und mein Kind dann gleichsam durch sein Verhalten noch eins draufsetzt – statt los zu meckern, in den Arm nehmen.

Genau diese liebende Wertschätzung scheint oft nur erschließbar, wird nicht immer betont. Beispiel gefällig?

Ihr Sohn oder Ihre Tochter hält sich nicht an die vereinbarte Ausgehzeit, ist nicht, wie abgesprochen, um dreiundzwanzig Uhr zuhause. Nichts – kein Anruf, keine Information. Sie beginnen vielleicht, sich Sorgen zu machen. Mitternacht. Nichts. Dann – endlich – halb eins, Ihr Kind kommt zurück. Entweder jetzt oder am Morgen gibt es meist das Donnerwetter. Wieso habe ich mich denn aufgeregt? Ich denke, weil ich heilfroh war, dass mein Kind gesund und munter aufgetaucht war. Und deshalb schimpfe ich? Wäre es nicht viel angenehmer, etwas dazu zu sagen, wie froh ich bin, dass mein Sohn/meine Tochter gesund und munter wieder da ist, dass ich mir Sorgen gemacht habe ...

Also, erst einmal in den Arm nehmen, meine Erleichterung zeigen – alles andere ist doch, denke ich, zweitrangig oder?[1]

---

[1] Auch Ihre Kritik, Ihr Frust wären zweitrangig, denn die Freude, Ihr Kind unversehrt vor sich zu sehen, dürfte immer an vorderster Stelle stehen – und dies sollten Sie, denke ich, dann auch immer als Erstes ausdrücken ...

Und ein Weiteres – Sie erinnern sich vielleicht daran, ich habe (*Geheimnisse oder: Wie sag' ich's meinem Kinde*) etwas darüber erzählt, wie Eltern vor Ihren Kindern über Ihre Sorgen und Ideen sprechen können. Das wäre in diesem Fall vielleicht auch angebracht und hilfreich. Vielleicht ...

Kapitel 10
Regeln, Regeln, Regeln oder: Muss denn das sein?

Wir alle, da sind auch Sie sicher keine Ausnahme, wünschen uns ein Leben, das uns gefällt, wo wir das tun, was uns gut tut. Das wäre schön, oder? Nur, leider, ist es nicht *immer* so. Ich muss einige Dinge tun, die ich nicht unbedingt gerne tue, zu denen ich mich *manchmal* wirklich aufraffen muss. Und deren Notwendigkeit ich auch nicht immer einsehe.

Das beginnt manchmal schon am morgendlichen Alltag – aufstehen, wecken, Frühstück bereiten, nur um anzufangen. Darüber hinaus bin ich als Vater – natürlich – auch verantwortlich, dass bestimmte Dinge ganz einfach funktionieren. Viele alltäglichen Banalitäten. Dafür erwarte ich dann oft auch, dass meine Kinder gewissermaßen „mitspielen", ihren Teil der Aufgaben oder Pflichten übernehmen, ohne

Murren. Das ist nicht immer einfach oder leicht. Solange alles läuft, gelegentlich auch mit kleinen Reibungen, kein Problem. Es läuft ja im Großen und Ganzen.

Allerdings, auch das kommt vor, scheinen Kinder überhaupt nicht einzusehen, wieso sie sich an bestimmte Vorgaben halten sollen. Sie stellen diese Vorgaben – Regeln – infrage, indem sie sie tatsächlich infrage stellen, indem sie sich schlicht weigern, indem sie sie unzuverlässig einhalten bzw. ausführen und vieles mehr, was mich dann oft oder manchmal auf die Palme bringt.

Ohne Regeln, so das grundlegende Dilemma, keine Orientierung. Regeln dienen ja immer *auch* der verlässlichen Orientierung. Ich weiß, dass ich bestimmte Dinge erwarten kann. Ich muss nicht jede Kleinigkeit immer wieder neu absprechen. In diesem Sinne tragen Regeln, Absprachen und Normen ihren Teil dazu bei, das Leben durchschaubarer, verlässlicher und sicherer zu machen. Zugleich definieren Regeln aber immer auch Grenzen, schaffen somit einerseits Orientierungen und Leitlinien, begrenzen und beschränken allerdings andererseits Handlungsmöglichkeiten.

Im familiären Alltag – wer kennt das nicht? – gibt es viele familienspezifische Regeln und nicht immer sehen Kinder ein, wozu diese Regeln gut sein sollen und warum sie einzuhalten sind. Das ist oft Anlass für Auseinandersetzungen, Auseinandersetzungen unterschiedlicher Heftigkeitsgrade, um es freundlich-diplomatisch auszudrücken.

Im Alltag hat es sich für mich als sehr hilfreich und nützlich erwiesen, zwischen Regeln zu unterscheiden, die ich setze – als Erwachsener – und die für meine Kinder nicht infrage zu stellen waren und Regeln, bei denen alle mitentscheiden konnten, durften oder sollten.

Sie erinnern sich sicher genau so daran wie ich: sobald es meinen Kindern gelingt, mit mir in eine Diskussion über den Sinn oder die Notwendigkeit von Regeln einzusteigen, ist die Regel infrage gestellt, aufgeweicht – es sollte sich dann um eine Regel handeln, die tatsächlich verhandelbar ist.

Die nicht verhandelbaren Regeln sollte ich als Vater dann auch als solche behandeln – ich kann sie bestätigen, aber nicht in Frage stellen.

Ich weiß wohl, dass die Übergänge zwischen verhandelbaren und nicht verhandelbaren Regeln fließend sind und dass es kein Patentrezept gibt, sie zu unterscheiden. Ich möchte Sie hier nur darauf aufmerksam machen, dass ich hier einen Entscheidungsspielraum habe, der sich mit dem Alter meiner Kinder natürlich auch verändert – verkleinert.

Und noch etwas scheint mir bedenkens- und beachtenswert, die Frage, wieso, warum und wozu ich mich tatsächlich aufrege, wenn meine Kinder einige Regeln nicht einhalten. Sie erinnern sich an meine Idee des *Elternschicksals* (Kapitel 3)? Wo, wenn nicht bei mir zuhause, im Rahmen der Familie, sollen und können sich meine Kinder mit Regeln auseinandersetzen? Wo, wenn nicht bei mir zuhause, im Rahmen der Familie, sollen und können meine Kinder die Folgen erleben, die ein Nichteinhalten von Regeln nach sich ziehen?

Ein wichtiger Aspekt, den auch ich oft übersehen habe, könnte darin zu sehen sein, Regeln und die damit verbundenen Konsequenzen aufzuzeigen und zu benennen. In der Familie natürlich nur die Konsequenzen, die ich selber durchsetzen kann. Sind die Konsequenzen bekannt, dann kann mein Kind auch die Verantwortung für sein Verhalten übernehmen – ob es die Regeln einhält oder ob es die Konsequenzen auf sich nimmt.

Konsequenz – das ist für mich nicht dasselbe wie Strafe, obwohl diese Verwechslung leicht passieren könnte. Die Konsequenz sollte eine Art natürliche Folge des Verhaltens sein. So hatten wir beispielsweise eine feste Zeit des Abendessens festgelegt, weil auch wir Eltern irgendwann so etwas wie Feierabend haben wollten. Wenn jemand zu spät zum Abendbrot kam, dann hatte er die Küche zu machen und das hieß: Tisch abräumen, Küche ausfegen, abwaschen und abtrocknen.

Regeln stellen, so gesehen, ein Übungsfeld dar und üben, das ist mir als Vater jedenfalls theoretisch klar, müssen meine Kinder, wenn sie etwas lernen wollen. Auch das Einhalten von Regeln will geübt werden – damit sie, diese Lektion habe ich selber mühselig gelernt, von den Kindern eingehalten werden können. Wie sagt der Volksmund: „Übung macht den Meister" und „es ist noch kein Meister vom Himmel gefallen." Und das gilt auch für mich als Vater ...

Und wenn alles nicht hilft, dann denke ich daran, dass „meine" Kinder ja mindestens die Hälfte ihrer Erbausstattung von mir haben – dann kann ich entscheiden, ob mir das ausreicht, ihnen soviel Vertrauen entgegenzubringen, dass sie es schaffen werden. Und diese Haltung, dieses Vertrauen, das im Grunde eine Art Zutrauen ist, macht, so denke ich, den Unterschied ...

Kapitel 11
Kein Rat hilft *oder*: Was nun?

Ja, auch das gibt's – alles probiert, nichts hilft. Auch kein sogenannter guter Rat. Ja, da weiß ich auch keinen Rat mehr. Ratlosigkeit. Da fällt mir der bekannte Satz ein: „Ja ... und?" Wieso darf ich denn nie ratlos sein, wieso denke ich, muss ich immer alles wissen und können? Wieso?

Wenn nichts hilft, dann musste ich manchmal daran denken, dass es sich ja schließlich um meine Kinder gehandelt hat. Da konnte ich mich nicht um die Erkenntnis herumdrücken, dass mindestens 50% dessen, was sie auszeichnet, irgendwie von mir stammen, die anderen 50% natürlich von meiner Frau. Anders gesagt – ich konnte mich in ihnen immer *auch* wiedererkennen.

Klar, das sind die Erbanlagen, das heißt nun nicht, dass die sich automatisch positiv entwikkeln. Schließlich spielt es auch eine Rolle, wohin die Saat fällt, oder? Wenn ich Blumensaat auf die Asphaltstraße streue, wird mit hoher Wahrscheinlichkeit dort keine Blume blühen. Andererseits ... Löwenzahn zum Beispiel blüht herrlich gelb und an Stellen, an denen man es kaum vermutet hätte.

Das ist eine Lektion, die ich mühsam gelernt habe und an der ich auch heute noch manchmal (glücklicherweise nicht immer) zweifle: das Vertrauen darin, dass sich (meine) Kinder entwickeln, dass sie ihren Weg gehen werden und dass ich ein wenig dazu beitragen kann, dass sie auf dem Weg bleiben. Ja, Sie haben richtig gelesen – ich kann *ein wenig dazu beitragen,* ich kann sie nicht zwingen. Ich kann mich allerdings daran erinnern – wenn ich zweifle, wenn ich denke, dass sie Umwege gehen –, dass ich helfen kann, dass der Weg erkennbar bleibt. Und dass ich da bin, wenn sie eine Pause brauchen. Nicht mehr – aber auch nicht weniger.

Vertrauen – der Anfang von allem, oder?

Insofern, denke ich, könnten Bücher über Erziehung manchmal, durchaus nicht immer, hilfreich sein, mich an dieses Vertrauen zu erinnern. Sie machen das ganze Unternehmen nicht leichter, und wenn sie helfen, meine Perspektive wieder auszurichten – das, denke ich, ist eine ganze Menge. Da vertraue ich ganz einfach auf Sie.